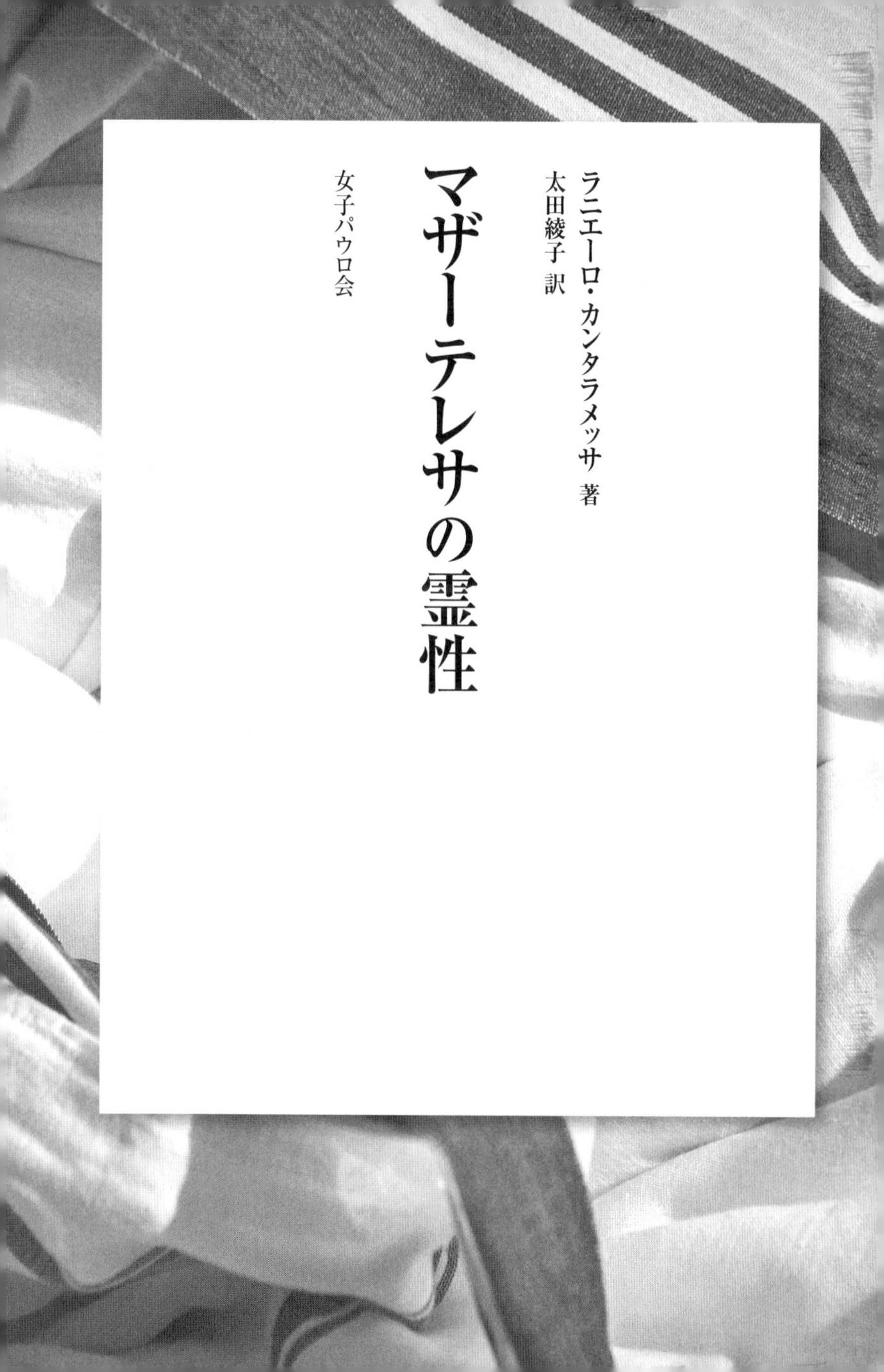

ラニエーロ・カンタラメッサ 著
太田綾子 訳

マザーテレサの霊性

女子パウロ会

Madre Teresa

Piazza Soncino, 5 - 20092 Cinisello Balsamo (Milano) www.edizionisanpaolo.it
Distribuzione: Diffusione San Paolo s.r.l.
Piazza Soncino, 5 - 20092 Cinisello Balsamo (Milano)

「もしいつの日か聖人になるとしたら
わたしは〝闇の聖人〟になるにちがいありません。
地上で、闇の中にいる人たちの光となれるように
天国をいつも留守にしているでしょう。」

コルカタのマザーテレサ

マザーテレサの霊性　もくじ

ブックデザイン　佐藤 克裕

序文

マザーテレサが列福されたのは二〇〇三年十月十九日のことでした。その年の待降節に、わたしはマザーについての黙想会を教皇庁で行なう機会がありました。本書はそのときの講話を収めたものです。すぐには出版しませんでしたが、それは当時まだ聖テレサの内面を記した私的書簡『マザーテレサ　来て、わたしの光になりなさい！』（女子パウロ会　二〇一四年）が世に出ていなかったからです。わたしは教皇庁列聖調査申請局のご配慮により、その本の文章を前もって利用することができましたので、「私的書簡」よりも先に、そこからの引用が多く含まれている本書を出版すべきではないと思ったのです。

時が流れ、その間にはさまざまな出来事がありました。当時の原稿を再び手に取ってみると、教皇庁で行なった黙想会の参加者よりもっと多くの方たちに読んでもらいたいと思うようになりました。二〇一六年九月四日、教皇フランシスコの司式によるマザーテレサの列聖式に続いて、一見偶然ともみえる出来事がその思いを強めることになりました。最近のことですが、聖テレサの故郷であるアルバニアを訪れる機会がありました。現地の神父たちの黙想を指導するため、初めて聖テレサの故郷であるアルバニアを訪れることができました。独裁者エンヴェル・ホッジャは、アルバニアが世界で初めての「無神論国家」であることを誇り、聖テレサが故郷に帰ることを決して許しませんでした。共産党政権の崩壊後、独裁者の銅像はスターリンの銅像がそうであったように倒されましたが、マザーテレサの肖像画や像はいたるところで見られます。首都の空港も彼女の名前がついています。真の偉大さとはどこにあるかの小さな証しのようです。これらのことに加え、教皇フランシスコの使徒的勧告『喜びに喜べ』（カトリック中央協議会 二〇一八年）が最近出版されました。現代における聖性への招きといえるでしょう。コルカタのマザーテレサは実際、現代における聖性の輝かしい模範です。

覚えていらっしゃる方も多いと思いますが、当時重い病に苦しんでいたヨハネ・

パウロ二世は（約一年後に亡くなることになりますが）、レデンプトリス・マーテル聖堂で行なわれていた黙想会での講話に一度も欠席したことがありませんでした。このような中では、わたしの彼に対する一見称賛のようにみえることばもゆるされるかもしれません。親友であったマザーテレサと同じように、彼もまた、人間のことばによって、その真理に向けるまなざしがそれることはありませんでした。その謙虚さが揺らぐことは決してなかったのです。

1, 「故郷を離れて、さあ行きなさい」

二〇〇三年十月十九日に行なわれたコルカタのマザーテレサの列福式は、すべての人に真の偉大さは世界でただ一つ、聖性であることを明らかにしました。システィーナ礼拝堂でアレルヤが高らかに歌われ、新しい福者の像を覆っている幕が取り去られたその瞬間、サン・ピエトロ広場とコンチリアツィオーネ通りは群衆で埋め尽くされていました。あのとき、この真実がわたしの目に飛び込んできたのです。

世界でほかにどのような人がこのような栄誉を受けるでしょうか。大勢の人々は、独裁政権下でよくみられる大集会とは違い、誰かに言われて集まったのではなく、マザーテレサをほめたたえ、彼女への愛を示したいと、自然に集ってきたのです。

それは有名なパスカルの思索の正しさを裏付けるものでした。パスカルは、世界には三つの段階、つまり三つのレベルの「偉大さ」が考えられるとしています。まず身体というレベルでは、裕福で素晴らしい肉体美や身体能力を持っている人々がいます。知性や天才性という第二のレベルでは、芸術家、作家、科学者たちが力を発揮します。第三の聖性のレベルでは、キリストに続いて聖母マリアや聖人たちがいます。パスカルによると、第二のレベルは第一のレベルから無限にちかいほど離れていますが、第三と第二のレベル、すなわち聖性と天才性の間には、さらに限りなく離れた壮大な距離があるとのことです。作曲家のグノーは、「聖性の一滴は天才性の大海より尊い」と言っています。聖性の栄光は時を経ても失われず永遠に続きます。

ある日、一人の女性ジャーナリストがマザーテレサに、世界中の人から聖人と思われていることについてご自分はどう思うか、と直接質問しました。すると彼女は「聖人であるのは贅沢なことではなく、必要なことなのです」とこたえました。マザーは具体的な面での必要性を思って、そう述べたのではないでしょうか。つまり、福音の求めが、世界の必要性が、それを望んでいるのです。形而上学的な必要性でもあるでしょう。わたしたち自身を完成させるために、自らの根源的な召命である「神の似姿」であるために、わたしたちは聖なる者でなければならないのです。「あなたたちは聖なる者となりなさい。あなたたちの神、主であるわたしは聖なる者である」（レビ記19・2）。

教皇ヨハネ・パウロ二世の使徒的書簡『新千年期の初めに』で、教皇は「聖性とは『教会の司牧の歩み全体が目指すべき目標である』」と述べています。そして、この聖性とは、キリストがその贖いの死によってわたしたちのために勝ち取ったまことの賜物であり、わたしたちが洗礼を通して受けたものであるが、「この受けた賜物は、キリスト者としての全生涯をおさめる役割を担う」（30参照）としています。

「中世はキリストの模範性を強調するあまり、道からどんどん外れていったが、ルターは与えられた賜物というキリストの一面を強調し、この賜物を受け入れることこそが信仰であると明言した」。こう書いたルター派の哲学者キェルケゴールは、しかし、「今や強調すべきは、模範としてのキリストという面であり、なぜなら、信仰についての教義が反キリストの怠慢を隠すイチジクの葉となってはならないからです」と付け加えています。

信仰によって自らのものとする無償の賜物、「キリストの聖性」について、これまでに何度も言及してきましたが、今回は、マザーテレサの生き方に刺激されて、自らの生において倣うべき模範としてのキリストの聖性について、わたしも考察したいと思います。このテーマに関してですが、マザーテレサはあるときこう明言しました。

今、教会は聖人を必要としています。それには、楽で意義のない凡庸な道を選ばせる、わたしたちの快適さへの固執と闘わなければなりません。わたしたち一人ひとりは聖人になる可能性を持っています。そして聖性への道は祈りです。聖性は、わたしたち一人ひとりにとって、素朴な義務なのです。

1. 聖性の源泉へ

マザーテレサの人生を振り返ると、聖性への冒険が始まるときの最初の振る舞い、建物であれば「最初の石（礎石）」が何であったかを見つけることができます。わたしたちにとって慰めとなるのは、このような行動は人生のどの年齢でも起きうるという発見です。言いかえれば、聖人になるのに遅すぎることはない、ということです。アビラの聖テレジアは、長い間、妥協のないわけではない、いわば普通の生き方をしてきました。あるとき、変化が訪れ、わたしたちが知るあのテレジアになりました。

同じことが同名のコルカタのマザーテレサにも起こりました。三十六歳まではロレット修道会のシスターとして、召命に忠実に、仕事に励み、彼女の内にとくべつな何かを予想させることはありませんでした。

毎年の黙想会に参加するために汽車でコルカタからダージリンへと向かう旅の途中、彼女の人生を変える出来事が起きました。神の不思議な招きの声がはっきりと聴こえたのです。〝あなたの修道会、あなたの今までの人生から離れて、わたしがあなたに示す事業に自分をゆだねなさい〟。マザーテレサの娘、シスターたちにとって、この日、一九四六年九月十日は「インスピレーションの日」と呼ばれて記憶されています。

列福調査中に見つかった資料のおかげで、現在では、イエスが彼女に語ったことばが正確に分かっています。「インドのシスター、神の愛の宣教者たちをわたしは求めている。貧しい人たち、病者、瀕死の人たち、道端の子どもたちの間で、わたしの愛の炎であって欲しい。貧しい人たちを、わたしのところへ連れてきて欲しい……。あなたは、わたしのためにこれをすることを拒むだろうか」。そしてこう続けました。「裕福で恵まれた人たちに関わる多くのシスターがいる修道会はあるが、わたしの貧窮者たちのためには誰もいない」。

そのとき、マザーテレサの人生で、アブラハムの身に起きた体験が再現されます。神はある日、アブラハムに言いました。「あなたは生まれ故郷、父の家を離れて、わたしが示す地に行きなさい」（創世記12・1）。アブラハムに向けられた「出よ！」ということばは、後にロトに向けられる、「ソドムから出よ（脱出せよ）」（創世記 19・15参照）という命令とは違います。カルデアのウルは、アブラハムがそこに居残ったら救われないほど堕落した街ではありませんでした。ヨハネ・パウロ二世はその詩集『ローマ三部作』で、神の勧めに対してアブラハムが心中どのように思ったか、想像してこう言わせています。「なぜ自分はここから出て行かなければならないのだろうか。なぜカルデアのウルを離れなければならないのだろうか」。

同じ問いかけをマザーテレサもしたことを、わたしたちは知っています。内面の苦悩がありました。イエズス会士フェルディナンド・ペリエ大司教にこう打ち明けています。「わたしはロレット会修道女としてとてもしあわせでしたし、今もそうです。愛しているものから離れて、新しい大きな苦労と苦しみに身をさらさなければならないのでしょうか」。そしてイエスに向かってこう続けました。「なぜ完璧なロレット会修道女であることを目指すことはできないのでしょうか……。なぜ他のすべてのシスターたちのようであることはできないのでしょうか……。あなたがわたしに求めていることは、わたしにとっては大きすぎです……。よりふさわしい、より高貴な心を持つ人を探してください」。

ここにも、聖書における一つの恒常性が再現されます。モーセは言っていました。「ああ、主よ。わたしはもともと弁が立つほうではありません」（出エジプト4・10）。そしてエレミヤは、「わたしは若者にすぎません」（エレミヤ1・6）。しかし神は自らの呼びかけに対する反論が神の意思への抵抗か、それともむしろ、提示された任務に自分がふさわしくないのではないかという畏れからのものか、区別します。したがって、彼らから説明の要望があっても怒ることはありません、マリアの質問「どのように、それは起こるのでしょうか」にはこたえますが、ザカリアのことでは叱責し、口が利けなくなります（ルカ1・18）。マリアの質問は疑いからではなく、神が彼女に求めていることを実現するためには何をすべきか知りたいという正当な欲求からでした。

最終的にマザーテレサは、マリアのように、神に完全なフィアット（そうなりますように）、すなわち「はい」とこたえました。知られているさまざまな行ないを通して、それも喜んで、はいと言いました。ラテン語のフィアットと訳された原語のギリシア語は Genoito です。翻訳にあたって残念ながら、このことばが持つとても重要なニュアンスが失われてしまいました。Genoito ということばは希求形で、フィアットのように譲歩形ではありません。あることが実現するのを単に許可したり、甘受したりするのではありません。避けられないのなら、ほかに方法がないのなら、「それではみこころのままに！」というような意味はありません。その反対で、あることが起きることへの願望、早く実現しないかという焦り、喜びをあらわします。それゆえ「希求形」と呼ばれるのです。「神は喜んで与える者を愛す」（二コリント９・７）とあります。このことばをマザーテレサは絶え間なく娘たちの心に刻み込もうとしました。全生涯を通じて、とりわけ、そのほほえみで示していました。

2. ザクロの種

ここに至って、何が根源的な振る舞いか、マザーテレサの、そしてあらゆるキリスト者の聖性を支える「最初の石（礎石）」とは何かが明らかとなります。それは、呼びかけへのこたえ、吟味し、神から受けたインスピレーションだと確信を得た上での従順です。聖人ではありませんがシモーヌ・ヴェイユは、聖性への熱烈な憧れを抱いていて、次のように語っています。聖性とは、「そのような瞬間に魂が神に約束する、ほとんど気づかないほどの何か、さまざまな肉的傾向の中にあるほんの小さなザクロの種、それでいて運命を永久に決定づけるもの」。

聖書においても、教会の歴史の中でも、聖性の偉業はすべて、神がある者に個人的にその思いを明かしたときに発せられたこたえ「はい」が発端となっています。アブラハムの「信仰―従順」を、聖書は選ばれた民のその後の全歴史の礎としています。「地上の諸国民はすべて、あなたの子孫によって祝福を得る。あなたがわたしの声に聞き従ったからである」（創世記22・18）。そして、マリアの「信仰―従順」に、神は新しい永遠の契約を委ねようと望みました。

ヨハネ・パウロ二世は自伝『賜物と神秘』の中でこう書いています。「一九四二年の秋に、神学校に入る最終的決断をしました」。文書の中のイタリック体は、詳しい説明はありませんが推測可能な部分では、その決断の前にも、すべての司祭職への召命がそうであるように、ある一つの呼びかけにこたえる決断がありました。今、あの決断の上に神が何を築いたか、わたしたちは知っています。遠く一九四二年発せられたあの「はい、参ります」の上に。

晩年、マザーテレサがあの電車の旅を思い起こすたびに感じたであろう、驚きと感動を想像してしまいます。彼女のあの小さな、苦しんだ「はい！」から、神は何を実現し得たでしょうか。彼女が当時知る由もなかった、どのような大プロジェクトを神は抱いていたでしょうか！　人生の終わりに際して、彼女が自らの魂に向けて驚きと感動の歌をうたう姿しか、わたしには思い浮かびません。「わたしの魂は主をあがめ……力ある方がわたしに偉大なことをなさいました。」

二〇〇三年の初め、神の愛の宣教者会のシスターたちは、総会準備のためにコルカタで行なわれることになっていた「霊操（黙想会）」で説教するようにと、わたしを呼んでくれました。（実は、彼女たちが、その驚くべき清貧と絶え間なくささげられる祈りによって、黙想会中、わたしに説教をしてくれていたのですが）。最初の集会からすぐに感じたのは、マザーテレサが天から、彼女の死後開催される最初の総会が、神へのマニフィカト（聖母の賛歌）を歌う機会であるよう望んでいることでした。それは、彼女の生において神がされたこと、そして彼女たちシスターの生の内にされ続けていることに対する、感動的な、一つの声となったマニフィカトでした。それを参加者の皆さんにそっと告げると、総長のシスターニルマーナは、総会閉会後、それこそが何にも増して総会の意義だったと打ち明けてくれました。

マザーテレサの生におけるように、わたしたち一人ひとりの生においても、一つの呼びかけがありました。さもなければわたしたちは今ここにいません。わたしたちの「はい」も、暗闇の中で発せられた「はい」、どこに連れていかれるか分からない中での「はい」でした。歳月を経て、あの小さな「はい」の上に神が、わたしたちの抵抗や不忠実にもかかわらず築かれた事柄を認め、わたしたちも感動と感謝のうちに、怖れずに「わが魂は主をあがめ……」と歌いましょう。

3. よいインスピレーション

わたしたちは今、聖人信仰に関する昔の人の格言を思い起こしてみましょう。「喜んで記念し祝う一方で、彼らに倣うことをないがしろにしてはならない」（アルルの聖セザリウス）。マザーテレサの人生は、わたしたちの聖化について、本質的な点を思い起こさせてくれます。インスピレーションに従うことの大切さです。これは、一生に一度だけ実践する何かではありません。最初の決定的な神の召命に続いて、多くの目立たない招き、「よいインスピレーション」というものがあります。それらへの素直さ、従順さに、わたしたちのすべての霊的進歩がゆだねられています。

インスピレーションに従うことが聖性へのもっとも短い確実な道であることは容易に理解できます。これは人間のわざではないので、徐々に実現すべき明確な「完璧さへの計画」はあり得ず、すべての人に共通する完璧の模範というものもありません。神は聖人のシリーズを作りませんし、クローニング（複製）は嫌いです。どの聖人も、聖霊の「前代未聞の発明」です。神はひとりの聖人に、もうひとりの聖人に求めたことと真逆なことを求めたりします。近年の例を見ても、ホセマリア・エスクリバー・デ・バラゲル（オプス・デイ創立者）とマザーテレサの間に共通点が見られるでしょうか。でも教会にとっては、二人とも聖人なのです。

したがってわたしたちは、神が各人の内から引き出そうとする聖性が、具体的にどのようなものか、最初から知ることはありません。神のみがそれを知っており、その人が生の歩みを続けるなか、徐々に啓示してくれるのです。ということは、聖性に達するには、すべての人に当てはまる一般的な規範に従うだけでは十分ではありません。その人に神が望むこと、その人だけに望むこととは何か、理解しなければなりません。

ナザレのヨセフが、当時知られていた聖性の規範に忠実に従うだけだったら、または、マザーテレサが修道会で定められていた会則に従うことにあくまで固執しようとしたら、彼らはどうなったことか、考えてみましょう。

さて、神がそれぞれに他と異なるとくべつな者であるよう望んだとすると、それは人生のさまざまな出来事、聖書のことば、霊的指導者の導きを通じて発見することができます。しかし、主要で正規の手段は、まさに恵みを感じ取ることなのです。それは心の奥底で生まれる霊的衝動であり、それを通じて神は自らが求めることを本人に分からせるだけでなく、同時に、それを行なうのに必要な力を、もしその人が受け入れるなら伝えるのです。

よいインスピレーションは、その権威や度合いは本質的に異なるとはいえ、聖書的インスピレーションと共通する何かがあります。「神はアブラハムに言った……」、「主はモーセに語った」。このような主の語りかけは、現象学的観点からは恵みを感じ取ることと異なるものではありません。神の声は、シナイ山においても、外部に響き渡ったのではなく、聖霊から生じた鮮明さや衝動というかたちで、心の内部に響き渡ります。十戒は神の指が石板に刻みつけたのではなく、モーセの心に刻まれ、それを彼が石板に彫ったのです。「人々が聖霊に導かれて神からのことばを語った」（二ペトロ 1・21）。語ったのは彼らでしたが、聖霊に動かされ、心で聞いたことを口で繰り返したのです。

一つのインスピレーションに忠実であると、より頻繁でより強いインスピレーションによって「報われる」ことになります。あたかも魂が、神の意思をより明確に感じ取るように訓練をするかのようです。

4. 霊の識別

インスピレーションに関するもっともデリケートな問題は、常に、それが神の霊からのものか、それとも世の霊から、自分の欲望から、または悪霊からのものかを識別することでした。

霊の識別という問題は、何世紀もの間に大きな変遷を遂げてきました。最初の頃は、集会での祈りや預言のことばを、どれが神の霊からのものか、どれがそうではないかを区別するカリスマ（賜物）と理解されていました。その後は、とくに自分のインスピレーションを識別し、自らの選択を導くためのものとなりました。このような変化が非合理的ではないのは、対象が違っても同じ一つの賜物であることに変わりはないからです。

また、客観的とも呼べる識別の基準があります。教義的には、パウロにおいては、キリストを主と認めるか否かに集約されます。「神の霊によって語る人は、だれも『イエスは神から見捨てられよ』とは言わないし、また、聖霊によらなければば、だれも『イエスは主である』とは言えないのです」（一コリント12・3）。ヨハネにおいては、キリストとその受肉を信じるか否かに集約されます。「愛する者たち、どの霊も信じるのではなく、神から出た霊かどうかを確かめなさい。偽預言者が大勢世に出てきているからです。イエス・キリストが肉となって来られたということを公に言い表す霊は、すべて神から出たものです。このことによって、あなたがたは神の霊が分かります。イエスのことを公に言い表さない霊はすべて、神から出ていません」（一ヨハネ4・1―3）。

倫理の領域では、「神の霊の自らへの一貫性」が根本的な基準とされています。聖書に、また教会の教えと自らの身分の義務に表れる、「神の意思」に反することを求めることはできません。神からのインスピレーションであったら、倫理に反すると教会がみなす行ないを推奨することは決してないでしょう。たとえ「肉」が、もっともらしい論拠を提示してそれに反することを言っても、です。例えば、神は愛であるから、愛ゆえにすることはすべて神からのものだ、という主張などです。

一人の修道士が上長たちの命令に背く場合、称賛すべき目的のためであっても、それは絶対に恵みによるインスピレーションではありません。なぜなら神が送る最初のインスピレーションはまさに「従順」だからです。マザーテレサはインスピレーションを実行に移す前に、教会権威が彼女のインスピレーションを認めるまで、忍耐強く待ちました。

しかしながら、これらの客観的基準だけでは十分ではありません。なぜなら「よいこと」か「悪いこと」かを選択するのではなく、一つのよいこと（善）ともう一つのよいこと（善）との間で、まさにそのとき神が何を求めているかを識別することだからです。この必要性にこたえるために、ロヨラの聖イグナチオは識別論（霊操）を編み出したのです。

イグナチオは一つの選択と、それによって起こる結果の背後にある意志を観察するよう勧めます。（霊操第四週参照）。神の霊がもたらすのは喜び、平和、心の平安、甘美さ、素直、光、などであることは知られています。一方、悪の霊がもたらすのは、悲しさ、動揺、不安、興奮、混乱、闇です。使徒パウロはそれらに光を当て、「肉の業」敵対、不和、嫉妬、不一致、分裂、妬みと、愛、喜び、平和など「霊の実」を対立させます（ガラテヤ5・19―22参照）。

そうですね、実践面ではものごとはより複雑です。神から来たインスピレーションであっても、大きな不安をもたらすこともあります。でもそれはインスピレーション自体によるものではありません。神からのものはすべて甘美で平和的だからです。どちらかというと、それはインスピレーションへの抵抗から来ます。穏やかで悠々と流れる川でも、障害物にせき止められると、逆流や渦が発生します。インスピレーションが受け入れられると、心はすぐに深い平和の中に浸ります。神はこの領域におけるあらゆる小さな勝利に褒美を与え、魂に神の同意を感じさせます。それはこの世に存在するもっとも清らかな喜びです。

5. 聖霊に導かれるままにする

この黙想の具体的な「果実」とは、内面の導き手である聖霊に、あたかも「霊的指導者」に対するかのように、すべてにおいてすべてを委ねるという新しい決断でしょう。もしすべてのキリスト者にとってインスピレーションを受け入れることが大切なら、教会を治める立場の者にとっては根源的に重要なことです。そうしてこそ、キリストの霊自身が、自らの代表者たち人間を通じて教会を導くことをゆるすのです。一艘の船の中で乗客全員が、航路、氷山が接近しているかどうか、天候状況などを知ろうと、ずっと船内ラジオに耳を澄ましている必要はありません。一方、係員にとってはそれが求められます。ヨハネ二十三世が勇気を持って受け入れた「神からのインスピレーション」からは第二バチカン公会議が生まれ、さらに近年における、さまざまな他の多くの預言的実践が生まれました。

この聖霊の導きの必要性こそが、「Veni Creator Spiritus（聖霊、来てくださ い）」の歌詞にインスピレーションを与えました。「あなたを統率者とし、我らはいかなる害悪をも退けよう」。『ローマ三部作』で、教皇ヨハネ・パウロ二世はペトロの後継者を選出するに当たって、「コンクラーベ（教皇選挙）参加者は『すべてを貫いておられる方よ、示したまえ！』と祈ります」と記しています。

わたしたちは皆、大げさなことばを使わずにわたしたちに語りかける「内なる師」に自らを委ねるほかありません。名優が舞台でそうするように、大きなそして小さな場面で、この見えないプロンプターの声に耳を傾けましょう。人生の舞台で、自分の役を忠実に演じるために。

それは思ったよりも容易なのです。なぜなら彼はわたしたちの中で語り、すべてを教え、すべてについて指示してくれるからです。ヨハネは保証してくれます、「いつもあなたがたの内には、御子から注がれた油がありますから、だれからも教えを受ける必要がありません。この油が万事について教えます。それは真実であって、偽りではありません」（一ヨハネ2・27）。時には、一瞬まなざしを内に向けるだけでいいのです、心の小さな動き、一瞬の瞑想、祈りだけでよいのです。典礼の祈りのことばで、福者コルカタのテレサの取り成しを通して、彼女がそうしたように、神のインスピレーションを認め、そのインスピレーションに従う賜物を授かるよう、願いましょう。

「主よ、わたしたちの行ないに霊を吹きこみ、ずっとより添い続けてください、わたしたちのすべての行ないが、あなたの内にその始まりがあり、あなたの内に成し遂げられますように。わたしたちの主、キリストによって」。

2, 「たとえ死の陰の谷を歩むとも……」

ある日アッシジのフランシスコは、当時はやっていた騎士道物語や武勲詩をまねて、このように大声で言いました。

皇帝シャルルマーニュ、ローランやオリヴィエなど十二騎士と勇敢な戦士たちは、戦いにおいて雄々しく振る舞い、サラセン人たちに迫り、汗まみれになって、死に至るまで勇猛に戦い、栄えある記憶すべき勝利をおさめた。そして最後にこれらの聖なる殉教者たちは、キリストへの信仰のために散った。しかしながら今や多くの者が、彼らの武勲を物語るだけで、人々から名声と栄誉を受けようとしている。

聖フランシスコは「勧告」の中で、あのようなことばで何を言いたかったかを説明しています。「我々主のしもべたちにとって、聖人たちは実践で示したのに、その業績を語り、説教して、名誉と栄光を自分に受けたりしたら、大きな恥となる」（勧告VI 155）。

マザーテレサの聖性に関する黙想の第二部を始めるに当たって、このことばは厳格な警告としてわたしの心によみがえります。

1. 夜の闇の中で

貧しい者の中でもっとも貧しい人々に仕えるためにすべてを捨てよ、という神からのインスピレーションに対して、マザーテレサが「はい」と言ったあと何が起きたでしょうか。世界は彼女の「周りに」起きたこと、最初の仲間がやってきたこと、教会の認可、彼女の愛の事業の跳躍的発展、などを知っていますが、彼女が亡くなるまで彼女の「内で」起きたことを知る者は一人としていませんでした。それが明らかになったのは、彼女の個人的な日記と霊的指導者に宛てた手紙でした。（日本語訳の出版は『マザーテレサ　来て、わたしの光になりなさい！』ブライアン・コロディエチュックMC編集と解説、女子パウロ会二〇一四年）。宗教者ではない一般の評論家の何人かは、これらの文書の意味を誤解し、マザーテレサの聖性について人々が抱く固定観念を見直すべきであると述べています。なかには「信仰なくしても聖人になれる」とさえ言い切る者もいます。

しかし、これらの内心を語る文書は、コルカタのマザーテレサの大きさを減少させるどころか、彼女をキリスト教の偉大な神秘家たちの傍らに置き、より高めるものです。もっとも知られている神秘主義の定義の一つに、〝神性を苦しむ〟というのがあります（ディオニュシウス・アレオパギタ『神名論』）。〝Pati divina〟ということばは実は翻訳不可能で、苦しみをもって神を体験する、神のパッションを生きる（〝パッション〟ということばには〝苦しみ〟と〝愛〟という二つの意味があります）と理解することができます。この定義こそマザーテレサが、その体験の中で完璧に実現させたものなのです。

マザーテレサに近しかった司祭は「貧しい人々への奉仕という新しい生き方が始まった頃から、彼女の内面は重苦しい闇に覆われた」と書いています。その内なる闇の深さがどれほどのものであったかは、彼女が書いた文章の一部分を見ただけでも想像できます。

わたしの魂にはあまりにも多くの矛盾があります。神への深い渇望、それはあまりにも深く、痛いほどです。絶えることのない苦しみ、神に求められず、拒否されているかのような、空虚な、信仰のない、愛のない、熱意の消えた……。天はわたしにとって意味がなく、空っぽの場所のようです。

神秘主義の研究者たちにとっては、このマザーテレサの体験が、十字架の聖ヨハネに遡る、あの「暗夜」の典型的な例であったことを認めるのは難しいことではありませんでした。ヨハネス・タウレルス（一三〇〇年～一三六一年）はこの霊的生き方について、驚くべき記述を残しています。

まったく見捨てられて、神についての知識など無くなり、恐ろしい不安の底に突き落とされ、正しい道を歩んできたかどうかも分からなくなり、神が存在するか否かも知ることができず、自分が生きているのか死んでいるのかさえも分からなくなります。それゆえ、理解できない不思議な苦悶に襲われ、まるで広大な世界全体が我々を圧迫するかのようです。もはや神の体験も神についての知識も無くなり、他の全ての事柄も嫌悪すべきものとなり、そのため、二つの壁に挟まれた囚人のように感じます。

おそらくこの「闇」は、死ぬまでマザーテレサとともにあったと想像されます。一九五八年のつかの間の一時期を除いては。その年、彼女はこう書くことができました。「今日わたしの魂は、愛に、言い尽くせない喜びに、尽きることのない愛の交わりに、満たされています」。ある時期からこの闇についてほとんど語らなくなったのは、「暗夜」が終わったからではなく、彼女がもはやそれとともに生きることに順応していったからでした。それを受け入れただけではなく、彼女のために素晴らしい恵みとなっていることを認めたのです。

わたしはわたしの闇を愛するようになりました。なぜなら、今は、それは、ほんの小さな部分ですが、イエスが地上で生きた闇と苦悶の一部であると、信じるからです。

マザーテレサの「夜」のもっともかぐわしい花とは、それに対する彼女の沈黙です。それについて語ることで、人々が自分に注目することを恐れていました。もっとも近しい人々でさえ、最期まで、マザーのこの内面的苦悶に気づくことはありませんでした。彼女の霊的指導者は、彼女の指示ですべての手紙を破棄しなければなりませんでした。その一部が残ったのは、彼女の許可のもと、コルカタの司教で後に枢機卿になったイエズス会のローレンス・トレヴァー・ピカチー神父のためにコピーを取っていたからです。司教の書類の中にそれらが発見されました。わたしたちにとって幸いだったのは、彼にもマザーから破棄の要請があったにもかかわらず、それに従うことを断っていたからです。

一つの魂にとって、霊の暗闇で出会うもっともあやうい危険とは、その状態に気づくことです。過去の偉大な神秘家たちと同じ体験を生きていると確信し、選ばれた崇高な魂の仲間となったと思うことです。神の恵みにより、マザーテレサはこのリスクを避けることができました。かわらぬほほえみの裏に、自らの苦しみを皆に隠し続けたことによって。

郵便はがき

107-0052

切手を
はってお出し
ください

（受取人）

東京都港区赤坂8-12-42
女子パウロ会
愛読者カード係　行

お客様コード □□□□□ ＊お持ちの方はご記入ください。

お名前（フリガナ）　　性別　1. 男　2. 女

生年月日　　年　月　日

ご住所（フリガナ）〒 □□□-□□□□

Tel　　Fax

E-mail

★該当する番号に○をつけてください

ご職業　1.会社員･公務員　2.自営業　3.主婦　4.学生　5.幼稚園教員　6.学校教員　9.その他(　　)

●どこでこの本をお知りになりましたか

0.その他　1.友人　2.学校･幼稚園　3.教会　4.目録　5.新聞･雑誌　6.キリスト教専門書店　7.一般書店　8.ダイレクトメール

●購買されている新聞･雑誌名をお選びください(いくつでもけっこうです)

1.朝日　2.毎日　3.読売　4.サンケイ　5.カトリック新聞　6.キリスト新聞　7.その他(　　)

はがきにご記入いただきましたお客様の個人情報は、商品や資料の発送、各種サービスのご提供にのみ使用させていただきます。

※ご愛読ありがとうございました

書名

●この本をお読みになったご感想をお聞かせください

●これからどんな本の出版をご希望ですか?

●次の本を注文いたします

書籍コード	書　名	本体	冊

※お支払いは代引又は前払いでお願いいたします。

いつもほほえんでいる……とシスターや人々から言われます。わたしの内なる存在が信仰や信頼、愛で満ちていると思っているのです……。わたしが「喜びの内にある」のは、本当は空虚と惨めさを覆い隠すためだということを彼らが知っていたら！

砂漠の教父のことばにこういうのがあります。「なんじの苦悶がいかに深かろうと、勝利はなんじの沈黙の内にある」。マザーテレサは、勇敢にそれを実践しました。

2.「荒涼の中にいる」偉人たちと並んで

魂の寂寥《せきりょう》を知るマザーテレサには「よい仲間」がいます。マザーテレサの体験に近い二つのケースについて、少しお話ししましょう。数世紀前の人物、十字架の聖パウロ（一六九四年〜一七七五年）と、マザーと同時代の人で、マザーも実際に会ったことのあるピエトレルチーナの聖ピオ神父です。

十字架の聖パウロは、新しい修道会である御受難会を創立し、神との一致に陶酔する体験をした後、霊の暗夜に陥り、それは四十年間、すなわち彼が世を去るまで続きました。「寂寥を生きた偉大な人々の中の第一人者」と呼ばれることもあります。彼の書簡の中の次の一片をマザーテレサが読んだとしたら、おそらく「よい仲間がいる」ことに気づいたことでしょう。彼女が置かれたあのような状態の中にあっては、そのような「慰め」は得られなかったかもしれませんが。

ああ、天上の愛撫を体験した魂にとって、すべてを失った状態で時を過ごさなければならないことがいかばかりか。否、それ以上に、まったく神に見捨てられた状態にあり（魂にはそう思える）、神はもはや魂を求めず、無関心であるかのよう、怒っているかのようだ……。それゆえ、その魂が為すすべては悪……。ああ、ことばにはできない。ただこれだけは言える、娘（魂）よ、それは地獄の苦しみ、あらゆる苦を超える極刑（十字架の聖パウロ、書簡1）。

ピエトレルチーナのピオ神父の列聖調査中に、関係者の中には、ガルガーノの神秘家ピオ神父の聖性は、現代的な「カリタス（愛のわざ）の聖者」であるマザーテレサと違って、古風な聖性の持ち主だったのではないかという意見を述べた者がいました。しかし今では、マザーテレサが神秘家だったことは明らかで、一方のピオ神父も、彼が創設した「苦しみの緩和の家」病院が示すように、「カリタス（愛のわざ）の聖者」だったことが認められています。

キリスト者の聖性のこの二つの面を分けるのは間違いです。多くの場合、この二つ、至高の観想と熱烈な行動には素晴らしい一致が見られるからです。神秘主義の頂点とも言われたジェノバの聖カタリナは弟子たちとともに病者や不治の病を抱えた人々のために献身的に尽くしたことから、教皇ピオ十二世によってイタリアの病院の守護聖人とされました。現代のマザーテレサの働きを思い起こさせる人物でした。

マザーテレサの列福の際に書かれた記事の中で、あるインド人記者はマザーテレサを「ガンジーの姉妹」と定義しています。確かに多くの面でこの偉大な二つの魂、近代インドの二人のマハトマ（偉大な魂）には、たくさんの共通点があります。しかしわたしには、マザーテレサを「ピオ神父の姉妹」と見るほうが、よりふさわしいように思えます。教会への崇敬だけでなく、世界中の人々から湧き上がった彼らに対する栄光の渦という面で、二人は共通しているからです。片方はとりわけ「身体に対するいつくしみのわざ」において、もう片方は「霊的ないつくしみのわざ」において際立っていました。しかしマザーテレサが世界に思い起こさせたのは、もっとも酷い貧困とは、物質的な欠如ではなく、神、人間性、愛の欠如、すなわち罪という名の貧困であるということです。

二人の聖人をもっとも近づける特徴は、まさに全人生を貫いて二人が体験した、長い闇だったと思われます。ピオ神父は自らの告解司祭宛に書いた手紙で、「果てしない暗夜の中に生きています」と言っています。サン・ジョバンニ・ロトンドの聖歌隊席で、聖痕についてピオ神父が霊的指導司祭に報告した文が額に入れて飾ってあったのを見たときのことを、一生忘れることができません。次の詩編の箇所を自分のことばとして記し、その文は終わっていました。「主よ、怒ってわたしを責めないでください。憤って懲らしめないでください」（詩編38・2）。彼は聖痕が神からのとくべつな愛のしるしでも、神から受け入れられたしるしでもなく、その反対に、自らの罪に対する当然の報いであると、死を迎えるときまで確信していました。このことは、偉大な神秘家としてのこのわたしの兄弟修道士について、わたしの目を開かせました。そのときまでは、そのようなことについて深い関心を寄せていなかったのです。

光を放つために、この二つの魂は暗闇の中を生きぬかなければなりませんでした。それも、人々を「欺いている」と確信しつつ。大聖グレゴリオは、「気高い人々のしるし」について、次のように語っています。

自らの懊悩《おうのう》の中にあって、ひたすら他者を思い、自らを襲う不運をがまん強く耐えつつ、他者に必要なことを教えます。それは、自分も傷を負っているのに、その痛みを忘れて人々の治療に励む偉大な医者たちに似ています（大聖グレゴリオ一世）。

このしるしは、マザーテレサとピオ神父の生涯において、ひときわ輝いています。このような霊的状態にあって、告解室で、そして瀕死の病者の枕元で、他者のために成し遂げたことに目をやれば分かります。

「霊の暗夜」は、信仰の欠如どころか、マザーテレサとこれらの「旅路の伴侶たち」の至高の信仰を明かしているのです。「見ないのに信じる人は、幸いである」（ヨハネ20・29）。神秘家たちは、イエスの「幸い」にまったくとくべつな方法で参加しているのです。

3. 清めだけではなく

ではなぜ、実際には一生続くことになる、この「霊の暗夜」という現象が起きるのでしょうか。十字架の聖ヨハネを含む過去の師たちが体験し語った事柄に比べて、新しい何かがここにはあります。このような暗夜は過去の伝統に見られる「照らしの道」や「一致の道」を準備する「浄化の道」とは異なります。なぜならこれらの魂はすでに至高の観想の頂に達し、神との神秘的一致を体験した後に起きたからです。マザーテレサは、ピオ神父や他の人たちと同じように、この現象がまさに「浄め」のためであると確信していました。神がこれほど長い間このような状態に彼らを置いておくのは、自分たちの「我」がとりわけかたくなだからだと思っていたのです。しかしもちろん、それでは説明できませんでした。

全人生を貫いてずっと続くこれらの「夜」を説明する、より深い理由があります。「キリストの苦しみにあずかること」(フィリピ 3・10)、「キリストの体である教会のために、キリストの苦しみの欠けたところを身をもって満たす」(コロサイ

1・24参照）ことです。イエスはゲッセマネで、最初にそしてすべての人に先立って、霊の暗夜を体験しました。十字架上のその叫び「わが神、わが神、なぜわたしをお見捨てになったのですか」を思うと、その「闇のうちに」息絶えたのです。使徒的書簡『新千年期の初めに』で、ヨハネ・パウロ二世は「苦しむキリストの貌《かお》」についてこのように書いています。

この神秘を前に、神学的な探求と並び、聖人たちの「身をもって生きた神学」という大きな遺産が、わたしたちにとって重要な助けとなるでしょう。彼らは、信仰の霊感を受け入れるための貴重な道しるべを示しています。彼らの中には聖霊からとくべつな光を受けた人々がいて、神秘体験の伝統が「暗夜」と呼ぶ恐ろしい試練を、わが身に体験しているからです。幸いと苦しみの交錯という矛盾の中、聖人たちが十字架上でのイエスの苦しみに似る何かを体験したことは、まれではありません（『新千年期の初めに』27参照）。

教皇ヨハネ・パウロ二世はシエナの聖カタリナとリジューの聖テレーズを引用していますが、おそらく内心では密かにコルカタのマザーテレサのことも思い浮かべていたことでしょう。マザーが大切な友カロル・ヴォイティワ（ヨハネ・パウロ二世）と二人だけで何度も会っているのに、自らの状態について何も打ち明けずに彼女のために祈ってくださいというだけだったとは思えません。いずれにせよ、マザーテレサも自らの試練を、十字架のイエスの「渇く」にこたえるものと思うようになったことを、わたしたちは知っています。

もしわたしの苦しみ、闇、あなたからの離別が、あなたにとって一滴の慰めとなるのでしたら、イエスよ、わたしを思うようにしてください……。わたしの魂に、わたしの生に、御心の苦しみを刻みつけてください……。わたしの体内を流れる血の一滴一滴で、あなたの渇きを満たしたいのです。早く戻ってきてくださるご心配は要りません。永遠にあなたを待ち続ける用意ができております。

これらの人々の人生が陰鬱な苦しみで覆われていたと考えるのは大きな過ちでしょう。先に引用された『新千年期の初めに』でも、「幸いと苦しみの交錯という矛盾」について言及されています。魂の奥底で、他の人々の知らない平和と喜びを享受しているのです。なぜなら、彼らの内においては、迷い以上に、神の御心に従って生きている確信が宿っているからです。ジェノバの聖カタリナは、このような状態の魂の苦しみを煉獄のそれに比較しています。そしてこう言います。「それはあまりにも大きく、地獄の苦しみのよう」だけれど、同時にその中には天国の聖人の喜びに比較できるほどの「溢れんばかりの幸福感」があります。マザーテレサの顔から発せられる喜びや穏やかなたたずまいは仮面ではなく、その魂が体験している、神との深い一致が写し出されていたのです。彼女があやまって仮面をつけていると思い込んでいたのであって、人々はそう思いませんでした。

現代の何人かの聖人における終わりのない長い「夜」は、いわば彼らを「守る」ものではないかとわたしには思えます。ピオ神父やマザーテレサのようにメディアにさらされて生きる現代の聖人のために神が創案した手段です。燃える炎の中に飛び込む者のためのアスベスト防護服、電流がショートを引き起こすのを防ぐ絶縁体なのです。聖パウロは言っていました。「あの啓示されたことがあまりにもすばらしいからです。それで、そのために思い上がることのないようにと、わたしの身に一つのとげが与えられました。それは、思い上がらないように、わたしを痛めつけるために、サタンから送られた使いです」(二コリント12・7)。肉に突き刺さるとげ——それは神の沈黙でした——が彼女を守るために絶大な効果を発揮しました。世界中がその名声をうわさにする中、ノーベル平和賞を受けるときでさえ、「内なる苦しみはあまりに強く、公の場での宣伝や人々の発言には、何も感じません」と言います。これはマザーテレサとピオ神父に共通することでした。ある日、広場に集まった群衆を窓から見たピオ神父は隣にいた修道士に尋ねました。「この人たちは皆、何のために来ているの?」「パードレ、あなたのためです」という返事に、ため息をつきながらすぐに奥に引っ込みました。「彼らが(自分のことを)知っていたら……」と言って。

4. 無神論者と既婚者たちの傍らで

「古風な」聖人たちと言いましたが、それどころではありません。神秘家たちはもっとも近代的な聖人たちなのです。現代世界には新しいカテゴリーの人々がいます。真摯な無神論者、「神の沈黙」を苦しみのうちに生きる人、神を信じないがそれを誇りにはしていない人、実存的不安とすべての空虚さを実体験している人、自ら「霊の暗夜」を生きている人。アルベール・カミュはその著書『ペスト』でそれらの人々を「神の国なしの聖者たち」と呼んでいます。神秘家たちはまさにこれらの人々のために存在し、その旅と食卓の仲間となります。彼らが、イエスと同じように、「罪人たちを迎えて、食事まで一緒にしている」（ルカ15・2参照）のです。

こうしたことから、ポール・クローデル、ジョルジュ・ベルナノス、ジャックとライサ・マリタン、レオン・ブロワ、ジョリス＝カルル・ユイスマン、その他多くの無神論者が、回心したのち、アンジェラ・ダ・フォリーニョの著書に魅せられ、トーマス・S・エリオットがノリッジのジュリアンの著書に没頭するようになったことが理解できます。それらのうちに、かつて知った風景を、いまや太陽の光に照らされた風景を見いだしたのです。『ゴドーを待ちながら』の著者サミュエル・ベケットにインスピレーションを与えた作品の中には、十字架の聖ヨハネの著書もあったことを知る人はそう多くはありません。

「無神論者」ということばは能動的または受動的な意味を持つことができると思います。神を拒否する者と、神から拒否（本人にはそう感じられる）された者。前者の場合は自己責任的無神論（真摯に向き合わなかった場合）であり、後者の場合は苦しみ、罰、贖いの要素を含む無神論者で、その意味によれば、神秘家は、霊の暗夜において、「神なし」、すなわち「無神論者」なのです。マザーテレサは、誰も彼女の口から出るなどとは思えないことばをつづっています。

魂が、地獄で受ける永遠の苦しみとは、神を失うことだと言われています……。わたしは魂の内に、まさにこの恐ろしい地獄の苦しみを体験しています。わたしを拒否する神、神ではない神、実は存在しない神。イエス、わたしの冒とくをおゆるしください。

神秘家たちは「神なしで生きる者たち」の世界との狭間《はざま》にまで達しました。深淵に飛び込むときのめまいを体験しました。またしてもマザーテレサが言います。霊的指導者に宛てた次の手紙で。

わたしは「ノー」と言ってしまう限界にまで達しました。いつか、わたしの内で何かが砕け散ってしまうのではないかと感じます。いまこのとき、わたしが神を拒否することのないよう、わたしのためにお祈りください。わたしの意志は望まないのですが、そうしてしまうのではないかと恐れます。

マザーテレサはこの彼女の「無神論」における連帯と償いという性質に気づき、次のように書いています。

イエスの光に背を向けた、これほど神から遠くあるこの世界に生きることを望みます。人々を助けるため、彼らの苦しみの幾ばくかをわたしの身に負うために。
もしいつの日か聖人になるとしたら
わたしは〝闇の聖人〟になるにちがいありません。
地上で、闇の中にいる人たちの光となれるように
天国をいつも留守にしているでしょう。

このように、神秘家たちは、「神が存在しないかのように」生きるポスト近代における理想的な宣教者なのです。真摯な無神論者たちに、彼らが「神の国から遠くない」ことを思い起こさせます。一飛びすれば、「無」から「すべて」に到達し、神秘家たちの沿岸に飛び降りてしまいます。「未来のキリスト教は、神秘主義か、それとも存在しなくなるか」と言ったカール・ラーナーは正しかったのです。ピオ神父とマザーテレサはこの「時のしるし」へのこたえでした。聖人たちを、恵みの配給者やよい生き方の模範のように扱って、「過小化」してはなりません。

神秘家は、彼らのこのような状態を通して、近代無神論、とりわけマルクス主義やフロイト哲学系の無神論に対する生きた反証となって、投影や昇華の論拠に働きかけます。人間は地上で満たされなかった願望を天に投影させ、この世の父から受けた（または受けなかった！）保護や優しさの必要性を、善良で温かく迎え入れてくれる「天の父」に移乗させます。宗教人は報いを期待してすべてをします。しかし闇夜の体験をした魂は、何も与えない、何も約束しない、閉ざされた天の下、天国さえ約束しない神に、ずっとしがみついているのです。「わたしたち自身よりもわたしたちに親密な、内なる存在の方」であるゆえに、誰にも見られずに働くことができる、唯一の「存在」でなかったら、誰が、彼らがしたこと、すなわち、自分自身を忘れ、あらゆる時間を他者のために費やし、ハンセン病患者を胸に引き寄せ、瀕死の人々を抱きしめるようなことを、させ得たでしょうか。

マザーテレサの、そして神秘家たちに共通する「暗夜」の体験は、夫婦生活を営んでいる人々にとっても重要なメッセージを含んでいると、わたしは確信します。

あるときマザーテレサは、ことあるごとに夫にほほえむように、と女性たちに勧めました。居合わせた女性の一人が「マザー、そんなことが言えるのはあなたが結婚してなくて、わたしの夫を知らないからです」と言いました。そのことばに対してマザーはこうこたえました。「わたしも結婚していますよ、イエスと。本当のことを言うと、わたしにも、夫にほほえむことが難しいことがあります」。今では、彼女が言わんとしたことが理解できます。

結婚生活を成功に導く道は、ある面、聖性へ導く道程に似ています。結婚生活における愛している人との歩みは、聖人たちが神と歩む道に似ています。「最初の恵み」といえるものがあります。慰め、甘美さ、互いに引かれる体験。そのため、天にも昇るように感じますが、それはずっと続くわけではありません。

前者にも後者にも、「感覚の暗夜」というものが訪れます。何の感情もなくなり、相手に引かれ、夢中になることもなくなります。無味乾燥と空虚さの中、すべてを意志の力で、努力して、義務を果たすためだけに、するようになります。時には、「霊の闇」がそれに続きますが、それはさらに劣悪です。なぜならその段階では感情だけが危機に陥るのではなく、知性や意志も巻き込まれるからです。自分は正しい道を歩んでいるのだろうか、もしかしてすべてを誤ったのではないだろうか……という完全な闇。

結婚相手との関係においても、神との関係においても、これらはすべての終焉なのではなく、より純粋な愛への前奏曲なのです。このような危機状態を通った聖人たちは、自分たちの最初の愛が何と不純であったか、自らの行動にどれほど自己満足の追求があったかに気付くようになります。神を無償で愛したのではなく、受けた慰めのために愛したのです。一方、夫婦も、最初の日々の互いに引かれあったことが、さまざまな出来事を共に乗り越えてきたことで達した真の愛に比べると、小さなことと思えるようになります。はじめは夫を、妻を、愛することで満足が得られたゆえに愛していたけれど、今では、自分自身をではなく、もう少し「彼のため」「彼女のため」、いわば他者を愛しているのです。わたしは確信します。多くの夫婦が、今わたしが言ったことに自分たちの経験が映し出されていると思われるでしょう。

5. わたしたちの小さな夜

神秘家たちは、無神論者にだけでなく、わたしたち現代の信仰者たちにも、何かを語ってくれます。彼らはとくべつな人々でも、キリスト者として別格のカテゴリーの人々でもありません。むしろ、神の恵みを生きることの最大限の広がりとはどのようなものかを、まるで拡大鏡のように示してくれるのです。神秘家たちの暗夜から、とりわけマザーテレサのそれから、わたしたちは学びとることができます。無味乾燥のとき、祈りが闘い、苦難、「嘆きの壁」に頭を叩きつけることになったとき、どのように振る舞えばよいかを。

かくも長い間闇の中に生きたマザーテレサの祈りについては、あまりそれを強調しなくてもよいと思います。マザーが祈る姿は、わたしたちの目にいまだ焼き付いているあの姿です。彼女が娘であるシスターたちに、そして全教会に残してくれた美しい多くの祈りのことばは、マザーのもっとも貴い遺産です。福音記者ルカはイエスについてこう語っています。「イエスは苦しみもだえ、いよいよ切に祈った」

（ルカ22・44）。まさにこれらの魂の生き方にもこのような祈りが見られます。

放らつや肉欲との妥協からのものでなく、神が「それをゆるされた」結果であったら、祈りにおける無味乾燥は、聖性に近づく者たちのほとんどに共通する、「暗夜」の緩和されたかたちともいえます。このような状況下では、諦めないことが大切です。祈りに集中しても何も得られないので、祈りを離れて善行に励む道を選ぶといったような。神が不在なら、そのまま空けておき、何らかの偶像、とりわけ活動主義と呼ばれる偶像で占められないようにしましょう。

そのようなことが起きないようにするには、時には仕事の手を止めて神に思いをはせるか、少しの時間を神にささげるようにしましょう。無味乾燥の状態のときは、フォリーニョの聖アンジェラが「むりやりの祈り」と呼び、自らも実践したという祈りを発見するといいですね。

神の恵みに燃えて祈ること、まどろむことなく、善行に励むことは、よいことで、神に喜ばれます。しかし恵みが失われた状態になっても、祈り、まどろむことなく賛美し、善行の手を休ませなかったら、より主に喜ばれ受け入れられます。恵みを受けていたときと同じように、恵みなしで、行なうのです……。子よ、あなたは自分の分をしなさい。神は神の分をなさいます。このような「むりやりの」祈り、「自らの心に暴力的な」祈りは、神に大いに受け入れられます。

これは心や理性ではなく、体でできる祈りです。意志と体には秘密の同盟関係があります。それを、頭や心を正すために使わなければなりません。多くの場合、このような思いを抱くようにとか、またはこのような思いを持たないようにとか、わたしたちの意志が心に強制できなくとも、体には命令できます。膝をつくよう、手を合わせるよう、ことばを発するよう、例えば、「栄光は父と子と聖霊に」というように、体に命じることはできます。

東方教会の神秘家シリアのイサアクは言っています。「心が死に、祈りも祈願もできなくなったら、神が来たとき、顔を地につけて伏せているままのわたしたちを目にしますように」。マザーテレサもこの「強制的祈り」を知りました。

あの日、どれほど辛かったか、ことばにできません。これ以上前に進むのを拒否する寸前にまで行きました。そこで思い切ってロザリオを手にし、ゆっくり、静かに、暗誦しました。何も思索せず、何も考えずに。

教会や祈りの場に、ただ身を置き、単に祈り続けること、それが信仰を生きぬくために残された唯一の道なのです。わたしたちに満足感や充実感を与える、もっと役立つ他のたくさんの事柄があることを神は知っておられます。でもわたしたちは「そこ」に居続けます。自分の意志でささげた時間に身を置き、空白の時間をただ消費します。

気が散ってばかりいて祈れないと嘆いている弟子に、相談を受けた老修道士は言いました。「気持ちがどこをさまよってもかまわん。体だけは独房から出るな」。これは慢性的な散漫状態にあって、自分では思いをコントロールできない状態のとき、わたしたちにも適用できます。思いがどこをさまよっても、体だけは祈りの中にあるように。

無味乾燥の状態のときは、使徒の次の芳しいことばを思い起こしましょう。「〝霊〟が弱いわたしたちを助けに来てくれます……」（ローマ8・26）。わたしたちがその存在を感じ取れない聖霊は、わたしたちのことば、わたしたちのうめきの声を神への憧れ、謙虚さ、愛に変えてくれるのです。「助け主である聖霊」は、わたしたちの弱い祈りの力となり、あせた祈りへの光、わたしたちの祈りの真髄になります。聖霊の続唱がいうとおり、「固い心を和らげます」。

これらすべては信仰によって実現します。祈るだけでいいのです。「父よ、あなたはわたしにイエスの霊をくださいました。それゆえイエスとともに〝唯一の霊〟となって、わたしはこの詩編を祈り、この聖なるミサをささげ、または、ただ、あなたのみ前に無言でたたずみます。イエスがもし地上にいたらあなたに祈り、あなたにささげる、あの栄光、あの喜びを、あなたにささげたいのです」。その確信の中、この省察の締めくくりに次のように祈りましょう。

ことばに表せないうめきで、信じる者たちの心の内に働き、とりなす方、聖霊よ、わたしたちの弱さを助けに来てください。神なしで、希望なしで、今のこの世に生きている多くの人たちの心の扉をたたいてください。

わたしたちの大陸の未来の姿をいま形づくろうとしている人々の思いを照らし、キリストは誰にとっても脅威ではなく、すべての人の兄弟だということを分からせてください。

貧しい人々、子どもたち、迫害されている人々、明日の欧州から除外されそうな難民を、助けてください。罪深い沈黙によって、「権力の横暴や悲惨な生活から守られる保証」が取り去られませんように。彼らの中の最初の人は、ナザレのイエスです！

3,「生きているイエスを知っていますか？」

1. マザーテレサの生きる意義、イエス

マザーテレサの聴罪司祭だったチェレステ・ヴァン・エグザム師は、こう語りました。「彼女の全人生の意義はただ一人、イエスにありました」。彼女の列福調査の申請者だったブライアン・コロディエチュック師は、長い年月マザーの生き方、残した文書、彼女に対して証言した人々のことば等を研究した後、最後にこう締めくくっています。「正式に聖人とされる方ですから、全体像として申し上げます。自らをイエスの花嫁のごとく思うほど、イエスへの個人的な愛をあのように強烈に生きたことから、彼女の生は〝イエス中心〟でした」。

これに関わるもっとも意義深い証しは、一九九三年三月二十五日に、マザーテレサがワーラーナシーの神の愛の宣教者会の全家族（シスター全員）に書き送った手紙です。「あまりにも個人的な手紙なので手書きにしました」と、はじめにことわっています。その手紙にはこう記されていました。

あなた方のうちで、まだイエスと一対一で、二人だけで会ったことがない人がいるのではないかと心配しています。聖堂で時間を過ごしても、みなさんは、かの方があなた方をどれほどの愛をもってご覧になるか、魂の目で、ほんとうに見たことがありますか？　本からではなく、あなた方の心の内にある、生きたイエスをほんとうに知っていますか？　彼があなた方に語りかける愛のことばをほんとうに聴いたことがありますか？　……理想ではなく、生きている、ほんとうのイエスとの毎日の出会いから、決して離れてはなりません。

マザーテレサにとってイエスがいかに、今ここに現存し、心の内にまなざしを向ける相手、そして彼女にまなざしを向けてくれる相手であったかが、よく分かります。抽象的な存在や、教義や知識の集合体、または、昔の時代に生きた人の追憶などではなかったのです。マザーは、今までなぜこのように心を開いて語ったことがなかったかについて、自分の内に秘めておきたかったと説明します。「全てを心に納めていた」マリアに倣って。ただ、シスターたちの元を去る前に、自らなしたことすべての意義は何だったか、語らなければならないと感じたのです。「わたしにとっては明らかです。神の愛の宣教者会は、イエスの渇きを癒やすため、それだけに存在するのです」。

「わたしにとってイエスとは誰か?」という問いかけに、次のようなインスピレーションを受けた名詞の連祷でこたえます。

イエスとは
発すべき、ことば
生きるべき、生
愛すべき、愛
分かちあうべき、喜び
ささげるべき、犠牲
携えるべき、平和

食すべき、いのちのパン……

イエスへの愛は自然に花婿と花嫁の愛のかたちをとります。彼女自身も次のように打ち明けています。

いつも、「ほほえみながら与えましょう」と言っているものですから、あるとき一人のアメリカ人教授に「あなたは結婚していらっしゃるのですか?」と尋ねられました。わたしはこうこたえました。「もちろんです。時には夫のイエスにほほえむのが難しいです。その気になったら無理難題を突きつけるのですもの」。

ほとんどの大木には、幹の続きのように、地面から下に垂直に伸びる「母なる根」があります。イタリア語では「フィットーネ(主根)」と言います。この根が、樫の木のように、猛烈な風でさえなぎ倒せないあの強靭さ(不動性)を木に与えます。人間にもこのフィットーネがあります。肉に従って生きる人にとってそれは

「自我」、わがままな自己愛、利己心です。霊的な人にとって、それはキリストです。聖性への道はすべて、あの根の「名」と「本性」を変えることにあり、使徒パウロとともに「生きているのは、もはやわたしではありません。キリストがわたしの内に生きているのです」（ガラテヤ2・20）と言えるまでに達することです。暗夜という長い浄化の時を過ごしたマザーテレサは、わたしたち皆が目標として励むこの道程を完遂しました。

2. 愛の実とは奉仕すること

マザーテレサのもっとも有名なことばの一つに「愛の実とは奉仕すること、そして奉仕の実は平和」というのがあります。イエスへの愛と、貧しい人たちの中でもっとも貧しい人々への奉仕。この二つは、一九四六年九月十日の第二の召命のとき、マザーテレサの魂の内に、流れ出る溶岩のごとく同時に生まれました。娘たちにはこう語っています。

「渇く。そしてあなたはそれをわたしのためにした」。この二つ、手段と目的を常に一致させなければなりません。神が一つにしたものを、誰も分かつことがないように……。わたしたちのカリスマは、貧しい人たちの中でもっとも貧しい人々の救いと聖性のために働くことによって、イエスの〝愛と魂への渇き〟を癒やすことにあります。

「You - did - it - to -me あなたは ― それを ― わたしの ― ために ― した」。マザーテレサはこのことばを指を折って数え、「5本指の福音」と呼んでいました。マザーテレサにとっては、ご聖体の内に現存するイエスは、かたちは変わっても、「貧者に扮した思いがけない姿」の内に、同じく現存するのです。前に述べた連祷は、次のように続きます。

イエスは、食べさせてあげなければならない、飢えた人
水を飲ませてあげなければならない、喉の渇いた人
服を着せてあげなければならない、裸の人
迎え入れなければならない、家のない人
世話をしなければならない、病気の人
愛さなければならない、孤独な人。

貧しい人たちの中でもっとも貧しい人々への彼女の奉仕が、どのようなところま

で達したか、わたしたちは皆知っています。ある集会で一人のシスターが、すべてを無料で、何ら対価なしに貧しい人々に与えることで、マザーが貧しい人々を甘やかし、彼らの尊厳を損なっていると批判しました。

マザーはこうこたえました。「裕福な人々を甘やかす修道会がたくさんありますので、貧しい人々を甘やかす修道会が一つあってもいいと思います」。マザーテレサの貧しい人々への奉仕の精神を誰よりも理解していたコルカタの社会福祉局長は、ある日こう言いました。「マザー、あなたもわたしたちも同じ社会福祉事業をしていますが、異なる点が一つあります。わたしたちは何かのためにしていますが、あなたは〝誰か〟のためにしています」。

これを、キリスト教の隣人愛の一つの美点というよりは、一つの限界と見る人もいます。「誰か」のために、すなわちイエスのために隣人を愛することは、何かの目的のために隣人を利用することにはなりませんか？　例えばですが、天国に行くための手柄を得るとか利己的な目標のために。

他の場合でしたら、その通りかも知れません。しかし、イエスの場合はそうではありません。一人の人間が他の人間に従属するのは、尊厳の反対です。しかし創造主ご自身に、神に従うのは、それには当てはまりません。キリスト教には、さらなる強い理由があります。キリストは貧しい人と自分を一致させたのです。「わたしのためにしてくれた」……貧しい人とキリストは「同一」なのです。キリストへの愛のために貧しい人を愛するのは、「他者を介して愛する」のではなく、「自ら愛する」のです。これがマザーテレサの生に刻まれた神秘、彼女が教会に預言的に残した神秘です。

この世のいかなる理由、政治的、経済的、人間的な理由のためにさせないようなことを、イエスへの愛が、彼女以前の聖人たちと同様、マザーテレサにさせました。ある時、ある人が、マザーテレサが一人の貧しい人にしてあげている様子を見て叫びました。「世界中の金を積まれても、わたしはこんなことはやらない！」マザーテレサはその人にこたえて言いました。「わたしだってしません！」マザーはこう言いたかったのでしょう。「世界中の金を積まれてもできません。でもイエスのためにならできます」。

マザーテレサは貧しい人たちにパン、衣服、薬だけでなく、彼らがもっと必要としている愛、人の温もり、尊厳を与えることができました。家に連れていき看病した、ゴミ廃棄場で見つかった体中がウジに食べられていた男性のことを、マザーは心震わせて思い起こします。彼はこう言いました。「シスター、わたしは動物のように道端で暮らしてきました。でもいま、愛され看病され、天使のように死んでいきます」。そう言ってからしばらくして、輝かしい笑みを浮かべ、「シスター、神の家に行きます」とつぶやいて絶命しました。捨てられた子どもを抱きしめる姿、ひん死の人の上にかがみ込むマザーテレサの姿は、神の優しさのイコンのように思えます。

3.「わたしは奉仕する者としてあなた方の間にいる」

今ここにきて、避けて通れない問いかけがあります。マザーテレサの生のこの一面は、わたしたちに何を語るのでしょうか？　彼女はわたしたちに、人間としての真の偉大さとは、行使する力ではなく、献げる奉仕によって計られることを思い起こさせます。「あなたがたの中で偉くなりたい者は、皆に仕える者になりなさい」（マタイ20・26）。

何らかのかたちで貧しい人々に奉仕する努力を怠ってもよい人はいません。しかし、人々が必要としている事柄は千差万別なので、奉仕もさまざまな異なるかたちをとるでしょう。パウロは「新しい契約」に仕える者に課せられた「霊の奉仕（聖霊に仕える務め）」（二コリント3・8）について語ります。ペトロは使徒言行録のなかで、使徒たちに課せられる、「食卓の奉仕」より重要な「ことばの奉仕」について語ります（使徒6・4）。この奉仕の一環として、教会の権威と教職があります。

イエスは使徒たちに「わたしはあなたがたの中で、いわば給仕する者である」（ルカ22・27）と言いました。イエスにとって、この「給仕する」とは、将来の宣教のために、彼らを教え導くことでなくて、何であり得たでしょうか？

マザーテレサは、キリスト者の奉仕が清いものであるためには、キリストへの愛によるものでなければならない、と言います。使徒パウロはコリントの教会の人々に「わたしたち自身は、イエスへの愛のためにあなたがたに仕えるしもべなのです」（二コリント4・5参照）と言っています。教会組織内で働く者にとっても、マザーテレサが「5本指の福音」と呼んでいた「あなたは — それを — わたしのために — した」を実践するのは可能です。すべてをイエスのためにする、仕える人々の内にイエスを見る……。それが例えば役所仕事であったとしても。

教皇庁任命説教師のわたしは、もうここで「何をすべきか」というような訓戒的な論調をやめて、むしろ、「もはやすでにある」ことを目の前にして、喜びの口調に移りたいと思います。わたしの小さな声を全教会の声に合わせることのできることの機会を無駄にしたくありません。二十五年という長い間、一人のひとが「霊に仕える務め」のために自らを費やした姿をわたしたちは見てきました。ヨハネ・パウロ二世において、大聖グレゴリオによって教皇の称号とされるようになった、「神のしもべたちのしもべ」は、他の多くの称号の一つではなく、一人のひとの生の要約となりました。

彼のこの奉仕も、マザーテレサと同じように、イエスへの愛を源泉としていました。何度も教皇は、ペトロの司牧の奉仕をキリストへの愛の表れとする福音箇所を口にしています。「ヨハネの子シモン、わたしを愛しているか。わたしの羊の世話をしなさい」（ヨハネ21・15）。このことばが彼の教皇職の核となり、教会のために自らを費やし続ける力となっていることは明らかです。マザーテレサは「愛は、それがほんものであれば、傷つけます」とよく言っていました。ペトロの後継者にとっても、この長い年月、苦しみがなかったとはとても言えません……。

また、マザーテレサを思い起こさせるような、愛情のこもった優しさがなかったとも言えません。先日、モンテチトリオ宮殿（国会議事堂）において、大勢が列席するなかで「ヨハネ・パウロ二世、目に見えない方の証人」というドキュメンタリー映画が初上映され、皆の感動を呼びました。中でも心に残ったのは、教皇が子どもや病人を引き寄せて接吻する姿でした。ホセア書にある神のことばをわたしに思い起こさせました。「彼らにとってわたしは、幼子を抱き上げてほほにすり寄せるような者だった」（ホセア11・4）。

教皇様、あなたが全教会に向けて発言されるために記されたような箇所が新約聖書の中にあります。よろしかったら、あなたのためにではなく、わたしたちのために読ませていただきます。ローマの信徒への手紙には、「聖書からの慰め」によって「わたしたちは希望を持ち続けることができる」（ローマ15・4）と書かれています。聖書から受けるこの慰めを少しでも伝えることが、二十四年間にわたってつとめておられる職務を正当化する唯一のことだと思います。今読み上げる箇所はパウロがエフェソの教会を去るにあたっての別れのことばです。

わたしがあなたがたとともにどのように過ごしてきたかはよくご存じです……。自分を全く取るに足りない者と思い、涙を流しながら……試練に遭いながら役に立つことは一つ残らず、あなたがたに伝え、また教えてきました。自分の決められた道を走りとおし、また、主イエスからいただいた、神の恵みの福音を力強く証しするという任務を果たすことができさえすれば、この命すら決して惜しいとは思いません。

わたしは、神の御計画をすべて、ひるむことなくあなたがたに伝えたからです。

どうか、あなたがた自身と群れ全体とに気を配ってください。

聖霊は、神が御子の血によって御自分のものとなさった神の教会の世話をさせるために、あなたがたをこの群れの監督者に任命なさったのです。

そして今、神とその恵みのことばとにあなたがたをゆだねます。このことばは、あなたがたを造り上げ、聖なる者とされたすべての人々とともに恵みを受け継がせることができるのです（使徒20・18―32参照）。

あの日パウロは、一つの点だけ間違っていました。間違っていてよかったのですが……。もう彼の顔を見ることはないだろうと告げたので、それを聞いた皆は涙を流しましたが、でもそれは預言ではなく、彼が抱いていた一つの懸念でした。パウロの他の手紙から、彼が二年後、最初のローマでの投獄の後、エフェソの教会を再び訪れていることをわたしたちは知っています（一テモテ1・3）。

わたしがこのように自由に語ってしまったことをとがめられるなら、教皇さま、マザーテレサに文句を言ってください。なぜならこの「新しいシエナのカタリナ」が、ペトロの後継者に対して抱く愛をもって、わたしにこのように話すよう助言したのですから。

4. それを超えるものを思い浮かべることができないほどのキリストへの愛

それでは、降誕祭にふさわしい締めくくりにしましょう。マザーテレサは今日、彼女に全人生をささげて貧しい人々への奉仕をさせた隠れたばねは、イエスへの愛であったことを思い出させてくれました。そしてこれは、真の降誕祭を祝う秘訣でもあります。クリスマス聖歌の「アデステ・フィデレス―来たれ友よ」に「これほど愛してくださった方に愛をお返ししないことなどあり得ましょうか」という句があります。愛に燃える心こそが、降誕祭にキリストが喜んでそこに降りてくる唯一のプレゼピオ(馬小屋)ではないでしょうか。

でも、この愛はどこで見つかるでしょうか。マザーテレサは誰にそれを求めればよいかを知っていました。マリアにです! 彼女はこう祈ります。

マリア、愛する我が母よ、あなたのかくも美しく、清く、無垢な心を、このように愛と慎ましさに満ちた心を、お与えください。わたしも、あなたがなさったように、イエスを迎え入れ、「急いで」人々のところにイエスを与えにいくことができますように。

でもわたしたちは、このことに関しては、マザーテレサ以上に大胆でなければなりません。少し説明が必要ですね。つまり、こうです。マザーテレサは素晴らしい霊性を持っていて、わたしもそのほんの一かけらだけにでも光を当てようと試みました。しかし彼女の霊性は、ピオ神父のそれと同じく、彼らが生きた時代の影響を受けています。明確に三位一体を中心とする神学的眺望（生き方ではありません！）が欠けていました。第二バチカン公会議後の現代では、例えば、使徒的書簡『新千年期の初めに』に見られるように、三位一体が、キリスト者のあらゆる聖性の源泉であり、それを形成するものとされています。彼女の霊性は、列福調査申請者が述べておられるように、三位一体的というよりは「イエス中心的」霊性でした。

マザーテレサは乙女マリアに向けられたとても美しい祈りを多く残していますが、（これまでに見当たった彼女の文書の中には）聖霊にささげられた祈りは一つもなく、聖霊ということばも、典礼の中での伝統的な祈祷文を引用する形でしか、出てきません。一方、彼女の聖性は、すべての聖人のそれと同様、頭から爪先まで、聖霊のみわざであることは確かです。聖ボナヴェントゥラは「聖人たちの知恵」について、「それを求めた者でなければ受ける者はいなく、聖霊による内なる燃え立ちがなければ、求める者はいない」と言っています。ただ、この聖霊の役割は、霊的・神学的養成の段階では十分に明らかにされてきませんでした。

幸いなことに、神学的な広い視野が聖人を生むのではなく、「愛のヒロイズム」が聖人を生むのです。それに、ひとりですべてのカリスマを持っている聖人も、神の模範であるキリストの内に秘められたすべての可能性をひとりで独占する聖人も、いません。聖性の充満は、一人ひとりの聖人に存在するのではなく、聖人たちの集まり、すなわち教会に存在します。修道会・宣教会のメンバーは、聡明でなければなりません。創立者から受け継いだ資産を大切に守り、同時に、聖霊が教会にふんだんに注ぐ光や恵みを受けられるよう開かれていることが必要です。

神のことばの一つ一つ、すべてのインスピレーションや霊的方向性が厳格に総長や創立者を通してなされ、長から下の者全体に伝えられるような共同体やグループを目にすると、わたしは当惑します。なぜなら、人は、共通のカリスマを分かち合うグループの中で、神との個人的で独創的な関係を持つことを諦め、上長の単なる反復者になってしまう可能性があるからです。

三位一体的視点に立った場合、「イエスへの愛」について何を発見できるでしょうか。途方もないことが発見できます。完璧な、無限の、唯一彼にふさわしい、「イエスへの愛」が存在することを。それを超えるものを思い浮かべることさえできないほどの「愛」を。わたしたちもその中に入ることができる、それを自分のものとできる、それとともに降誕祭でイエスを迎え入れることのできる愛。それは、我が子を生む瞬間の天の父の、イエスへの愛です。

洗礼のとき、わたしたちはそのような愛を受けました。なぜなら、御父が永遠の昔から独り子を愛するその愛の名は「聖霊」で、わたしたちはそのとき、聖霊を受けたからです。「聖霊によってわたしたちの心に注がれた神の愛」（ローマ5・5参照）とは、文字通り、神の愛そのものでなくて何でしょうか。すなわち、永遠の、創造されることなく存在する、御子を愛する御父の愛、すべての愛の源であるあの愛です。

神秘家とはキリスト者の一つのカテゴリーではないと述べました。彼らは驚きを与えるためにではなく、すべての人に、「恵みの生」の最大限の成長とは何か、拡大鏡を通したかのごとく示すために存在するのです。そして神秘家たちはわたしたちにこのことを教えてくれました。すなわち恵みによってわたしたちは三位一体の生の渦の中に投入されているのです。十字架の聖ヨハネは、神が「御子に伝えるのと同じ愛を、本性によってではなく、一致によって、魂に伝え、魂は神にあずかり、神とともに、聖三位一体のわざを行なう」と言っています。

このことはイエス自身がわたしたちに明確に保証しています。御父に向けて言います。「……わたしに対するあなたの愛が彼らの内にあり、わたしも彼らの内にいるようになるためです」（ヨハネ17・26）。したがって御父が御子を愛する、その同じ愛が、恵みによってわたしたちの内にあるのです。何という発見でしょう。わたしたちの祈りや観想において、何という地平の広がりでしょう！　キリスト教は恵みです。そして恵みとは、神性にあずかること（二ペトロ1・4）、愛が神の本性であり、聖書の神のなかみであることから、神の愛にあずかることなのです。

マイスター・エックハルトやその他の神秘家たちは、「魂の奥底で起きる」とくべつで神秘的な降誕祭について語っています。それは被造物である人間が、その信仰と謙虚さによって、魂の内に、神なる父がもう一度我が子を誕生させる降誕祭です。オリゲネス、聖アウグスチヌス、聖ベルナルドなど教父たちのよく引用した格言に、「キリストがあるときベツレヘムで誕生しても、もし信仰によって新しくわたしの魂の内に誕生しなかったら、わたしにとって何の益があるだろうか」というのがあります。伝統的に降誕祭ミサが三回執り行なわれるのは、次の理由です。第一のミサは御父からの永遠の誕生、第二のミサはマリアからの歴史上の誕生、第三のミサは魂の内の神秘的誕生を祝います。

ドイツの神秘家アンゲルス・シレジウスはこの思いを二行詩で表わしています。「キリストがベツレヘムで千回誕生しても、もしおまえの内に誕生しなかったら、おまえは永遠に地獄にいる」。この詩を、一九五五年のクリスマス、かの有名なイタリアの回心者ジョバンニ・パピーニは瞑想していました。この内なるキリストの誕生がどのように起こりうるのか、自問していました。そして自ら見いだしたこたえは次の文章に抄訳されていますが、わたしたちにとっても有意義かも知れないので、紹介したいと思います。


このまったく新しい奇跡は、もし深く渇望され、待たれたら、不可能ではない。

ある日、敵または友人が喜んでいるのを前にして、幾ばくかの苦さや嫉妬を感じなかったら、喜べ、なぜなら、かの誕生は近い……。

ある日、哀しむ人にささやかな喜びを届けたくなったら、たった一人でもよいので、その人の苦難や窮乏を軽くしてあげたい衝動に駆られたら、喜べ、なぜなら神の到来はもうすぐそこだ。

またある日、しつこく不運に見舞われ、打ちのめされ、健康、力、子どもたち、友人たちを失い、近くの者や遠くの者たちの不理解、悪意、冷酷さを耐え忍ぶことになり、それらすべてにも関わらず、苦情を口にしたり冒とくのことばを発したりせず、心穏やかにおまえの運命を受け入れたら、大いに喜べ、勝利の声を上げろ、なぜなら不可能に思えた驚異の出来事が起きたのだ、そして救い主はもうおまえの心の内に誕生したのだ。

これらすべては、キリストが誕生したことの「しるし」ですが、それを起こしたのは、はじめに言われていたように、切なる願いとひたすら待ち望む心でした。ひるむことのない期待に満ちた信仰です。マリアもこのように、自らの肉体に受胎する前に心の内に信仰によって、キリストを受胎しました。

とくべつな「感情」は必要としません。そのようなことを誰が感じうるでしょうか。信じるだけでよいのです。そして、降誕祭の夜、キリストの御体と御血を受けるとき、こう言いさえすればよいのです。「イエス、あなたの母マリアがあなたを迎え入れたように、わたしはあなたを迎え入れます。天の父があなたを愛するその愛で、すなわち聖霊によって、あなたを愛します」。

4, 「渇く」

1．創造的ことば

多くの聖人の人生において、神からの招きの意義と自らのカリスマの要約ともいえる、神からのことばがあったことが思い起こされます。大修道院長聖アントニオの召命における福音のことば、「行って持っている物を売り払い、貧しい人々に施しなさい。（……）それから、わたしに従いなさい」が果たした役割、聖なる教育者たちの人生において「子どもたちをわたしのところに来させなさい」という福音のことばが持った役割、多くの観想家における「マリアはよいほうを選んだ」ということばの意義などが挙げられます。

多くの修道会でも、創立者と彼に従った全家族（修道者たち）の霊性を表わす銘文が紋章に記されています。わたしどもフランシスコ会では「わが神、わがすべて」ということばです。イエズス会では「神のより大いなる栄光のために」、カルメル会ではエリヤのことば「主に情熱を傾けて仕えます」です。

コルカタのマザーテレサの人生において、彼女の生を導いたことばが何であったかを認識するのは難しくはありません。十字架上のイエスの叫び、「渇く」です。神の愛の宣教者会のすべての礼拝堂祭壇の十字架像の傍らに、そのことばは書いてあります。マザーテレサの「秘密」を収めることばです。わたしにとっては、聖フランシスコのτ（タウ）という文字への信じがたいほどの執着を思い起こさせます。彼はこのシンボルを修道院の壁に、独房の扉に、人々の額にしるし、僅かに残っている自筆の文書にもこれで署名していました。

これはまさに、マザーテレサの第二の召命のときに受けたことばですが、晩年死が近づいてから、自らの心の抵抗を乗り越えて、娘たちに説明する決意をしました。一九九三年四旬節、ヨハネ・パウロ二世の「キリストの〝渇く〟に関する書簡」が、彼女にこの決断をさせるきっかけとなりました。

その四旬節の「手書きで、心から湧き上がるまま」ワーラーナシーから書き送った手紙は次の通りです。

あの九月十日に神から頂いた賜物について、語る時がやってきたようです。わたしにとってイエスの渇きとは何だったのか、できる限り詳しく説明したいと思います。九月十日に起きたことはわたしにとってあまりにも親密な出来事だったので、恥じらいもあり、今までみなさんに語れずにきてしまいました。「これらのことを全て心に納めていた」御母に倣いたかったのです。これがあなた方の母が「渇く」について、とりわけ公の場では、語ってこなかった理由です。わたしにとっては明確です。神の愛の宣教者会の全存在理由は唯一、イエスの渇きを癒やすことにあります。神の愛の宣教者会の全聖堂の壁にあるイエスのことばは、単に過去に発せられたことばではありません。生きていることば、今、ここで、みなさんの一人ひとりに語りかけることばです。母はみなさんがそれを理解できるよう努力しますが、でも実はイエスご自身がみなさんに語りかけなければならないのです、「渇く」と言って。

マザーテレサが語ったのは、おそらく氷山の一角に過ぎなかったのでしょう。彼女の人生で受けたキリストのことばの響きのほんの一部しか伝えることができなかった（または望まなかった）のであろうと推測されます。最初は真の神秘体験でした。マザーテレサは、魂の奥底で、瀕死のキリストが発したことばを本当に「聞いた」のです。自らの心に永遠に刻まれた、目に見えない「聖痕《せいこん》」のごときものでした。「創造することば」でした。マザーは続けて語ります。

なぜイエスは「渇く」と言ったのか、それは何を意味するのか？　ことばでは説明できません。わたしの手紙の中で次のように言ったのを覚えていますか。「渇く」とは、イエスに「あなたを愛している」と言われる以上に、とても深いことなのです。

2．イエスが求めるのは、与えるため

いつものことですが、聖人たちは聖書解釈法や知的な省察を通して「聖なることば」の真実に達するのではありません。いかなる聖書解釈も生み出すことができない方法で、真実が直接、力強く、彼らに会いに来るのです。しかしその後、そのことばに関して聖書解釈や研究が究めるに至った意味のすべてを知りたいと熱望するようになり、そのことばに関わることにひたすら耳を傾けようと努めます。それではここで、十字架上でのイエスのことばについて、とりわけ次の箇所について、聖書学はなんと言っているか、見てみましょう。

この後、イエスは、すべてのことが今や成し遂げられたのを知り、「渇く」と言われた。こうして、聖書のことばが実現した。そこには、酸いぶどう酒を満たした器が置いてあった。人々は、このぶどう酒をいっぱい含ませた海綿をヒソプに付け、イエスの口もとに差し出した。イエスは、このぶどう酒を受けると、「成し遂げられた」と

言い、頭を垂れて息を引き取られた。(ヨハネ19・28—30)

このことばの最初の意味は、キリストが体験した肉体的な渇きです。むち打たれ、出血した状態で、キリストが肉体的にやけつくような喉の渇きを覚えていたことを想像するのは難しくありません。福音記者はこの瞬間に、「喉はかれ……渇くわたしに酢を飲ませようとした」(詩編69・4、22)という、メシアに関する「聖書のことば」が実現したとしています。

しかし、ヨハネの目には、瀕死のイエスの叫びは、そのときのキリストのそのほかのすべてのことばと動作がそうであるように、明確に象徴的な意味を持っています。以前、生涯の他の機会に、イエスは「水を飲みたい」と言ったことがあります。サマリア人の女性に「水を飲ませてください!」と頼み、女性が躊躇《ちゅうちょ》すると「もしあなたが、神の賜物を知っており、また、『水を飲ませてください』と言ったのがだれであるか知っていたならば、あなたの方からその人に頼み、その人はあなたに生きた水を与えたことであろう」(ヨハネ 4・

10）とこたえました。

イエスが与えると約束した「生きた水」とは永遠のいのち、実際には、聖霊でした。このすぐ後の箇所でイエスはこう言います。「『渇いている人はだれでも、わたしのところに来て飲みなさい。わたしを信じる者は、聖書に書いてあるとおり、その人の内から生きた水が川となって流れ出るようになる』。イエスは、御自分を信じる人々が受けようとしている〝霊〟について言われたのである」（ヨハネ7・37―39）。キリストが「渇く」と叫んだ箇所の次にすぐ「成し遂げられた」と言い、頭を垂れて息を引き取られた。イタリア語では「emise lo spirito（霊を吐いた）」（ヨハネ19・30）と記されていますが、それは偶然ではなく、実際これは象徴的、神秘的には「自らの霊、聖霊を、溢れ出した」ということを意味しています。イエスが「渇く」と言ったと記したそのすぐ後で、イエスのわき腹から血と水が流れ出た、とヨハネは記していますが、それも偶然ではありません。ヨハネの第一の手紙で「証しするのは三者で、〝霊〟と水と血です」（5・7―8）と、はっきりと述べています。

ここから、イエスは「与えるため」に、求めていることが分かります。彼へのわたしたちの渇きに渇いています。なぜならそれだけが、イエスに、生きた水を、永遠のいのちを、人々に与えることを可能にするからです。わたしたちの愛に渇いているのです。否それ以上です。「わたしたちの存在そのもの」を渇き求めているのです。

イエスの叫びにこたえて兵士たちは酢を差し出します。詩編「渇くわたしに酢を飲ませようとした」(69・22)に照らし合わせると、これは渇きと苦しみを軽減させるためではなく、又しても嘲りのため、苦しみに苦しみを重ねるための仕業でした。この仕業にも、深い象徴的意味が見られます。キリストの愛の渇きに対して、人類が忘恩、侮辱、冷酷さ、忘却でこたえた現実を鏡のように映し出しています。イザヤ書に、昔のキリスト者たちが「イエスの十字架上の死において実現した」とすることばがあります。「わたしは手を差し伸べた……反逆の民に」(イザヤ65・2)。

ある日、キリストが聖マルガリタ・マリア・アラコックに語ったことばは、後に

「イエスの聖心」への崇敬が広まる発端となりました。「そうです、人々をあれほど深く愛したあのみ心が、彼ら人間たちからは冷遇と侮蔑しか受けないのです」。あの恵みと啓示の日、一九四六年九月十日、マザーテレサは、彼女以前にアッシジのフランシスコや他の聖人たちが体験し、「〝愛〟は愛されていない！〝愛〟は愛されていない！」と叫ばせた、あの同じ体験をしたに違いありません。

ここに「渇く」ということばの「今日性」があります。死に瀕したキリストのすべてのことばがそうであるように、このことばは、世紀を貫いて燃え続ける松明のように、今も輝いています。マザーテレサは、わたしたち一人ひとりが、いま、ここで、自らに語りかけられたことばとして聞かなければならないと言っていました。

このことばは、キリストへの返事として自分は何を差し出すのか、分かつことのできない愛という新しいぶどう酒か、それとも妥協、生温さ、利己心という酢を差し出すのか、自らに問うよう強要します。キリストのためにたくさんのことをしても、十分ではありません。彼はわたしたち一人ひとりに、使徒パウロがコリントの信徒たちに言ったように、「あなたの持ち物はいらない。あなた自身が欲しい」

（二コリント12・14参照）と言っています。

3. 教皇のメッセージ

マザーテレサが一九九三年にワーラーナシーから手紙を書いたとき、まさに「渇く」をテーマとした同年の教皇の四旬節メッセージの影響を受けていました。この手紙のどこが彼女に感動を与えていたのでしょうか。教皇メッセージは十字架上のキリストの渇きをテーマとしたのではなく、砂漠化のためもあって、飲み水がなくて困っている地球上の諸地域の数百、数千万人の人々の「渇き」をテーマとしていました。

そのメッセージに、マザーテレサは、イエスの「渇き」と貧しい人々への奉仕の、まさに分かつことのできない関係性を認め、それらを自らの事業の「二本の柱」と定義しています。

「渇く」と「あなたがたはそれをわたしのためにした」、この二つ、手段と目的を、常に一致させるよう、覚えていてください。神が一つにしたことを誰も分かつことがありませんように。具体的な手段を過小評価してはなりません。貧しい人々に尽くしたことは、それがいかに小さく慎ましいものであっても、御目にとってわたしたちの生が美しさを帯びるのです。これらは神がわたしたちの宣教会家族に与えられたもっとも貴い賜物なのです。まさに目に見えない、しかし近くにおられる、触れることのできる、イエスの存在（臨在）です。貧しい人々に尽くすわざなしでは、目的は失われます。「イエスの渇き」は空虚な、意味のない、返事のないことばになってしまいます。わたしたちのカリスマは、貧しい人たちの中でももっとも貧しい人々の救いと聖化のためにはたらくことによって、イエスの愛と魂への渇きを癒やすことです。

マザーテレサが考える「二者間の繋がり」は主観的なもの、彼女の心の中にだけ存在するものではなく、「神秘体の教義」に立脚する、客観的なものです。パスカルは、キリストは「世の終わりまで死の苦しみの中にある」と書いています。自らの神秘体の肢体の内にでなくして、とりわけ貧しい人々、苦しんでいる人々の内にでなくして、キリストはどこで、どのようにして「死の苦しみの中にある」のでしょうか。肉体にとって渇きとは、数十億の細胞が生存のために水を必要とし、それらの抑えきれない渇望の結果であるように、「渇く」という叫びは「キリストの体」の「苦しんでいる肢体」から発せられます。

すべての生体が第一に必要としていること、人間にとって第一に必要なこと、それは体を養う水や食物の摂取だけでなく、注意を、愛を、ほほえみを向けて欲しいという必要性、「渇き」です。何日も、数週間も食べなくても生存できるけれど、水を飲まなくては生きていけません。ハンストをする人々はそのことを知っています。マザーテレサは貧しい人々の叫びの内にキリストの叫び、「渇く!」を感じ取りました。「のどが渇いていたときに飲ませてくれた」(マタイ25・35)というキリストのことばは、彼女にとっては、他の普通のキリスト者たちにとってよりも、もっと現実味を帯びた、直接的なことばであったに違いありません。「〝わたしは〟のどが渇いていた」。

4. 創立者の死の後

マザーテレサは娘たちに、アッシジの聖フランシスコが兄弟修道士たちに「貴女清貧」を残したように、「渇く」ということばを残しました。あのことばは彼女にとって強烈な個人的な神秘体験の記憶であった、とわたしには思われます。彼女の娘たち全員がマザーと同じように、自分が受けたことばだと感じなければならないとか、あるいは感じることができるとは言いません。神はご自分が造られた者たちを平均化したり均質化したりしません。相違（多様性）を愛し、「口当たりよく同質化された」者たちを好みません。同じ一つの修道会家族の中でも、異なる感じ方、異なる霊的賜物や体験の可能性は残ります。マザーが第一に自らの家族に託したのは、ことばではなく、その意義です。すなわち、貧しい人々への奉仕に表われる、キリストの愛への全面的なこたえです。

創立者の死に当たって、どの宣教会家族も、いわば岐路に立たされます。わたしの家族であるフランシスコ会も、数世紀前の昔、劇的にこの時を迎えました。分かれ道、岐路とは、次のようなことを言います。彼または彼女が創立した家族は、とりわけ創立者が教会によって列聖された場合など、もはや創立者という人物に集中し、その語ったことばによって養われ、その純正な精神やカリスマ（それに関して大いにもめる場合がよくあります！）を吟味することに集中すればよいと考える一方で、このような誘惑に抵抗して、創立者が存命中に教えたように、しっかりとキリストの方を向き、その霊、その「ことば」に結ばれている道を選ぶこともできます。

若者や修練者の養成にあたって、霊操や霊的生活・修道生活のすべてにおいて、主キリストとその聖なる霊についてではなく、自らのカリスマ、会則、会憲、霊性について語ることに多くの時間を割くと、注意の重点が気づかぬ内に神から人間へ、恵みから法に向かってしまいます。聖ヨハネは言っています。律法はモーセを通して与えられたが、恵みはイエス・キリストを通して与えられる（ヨハネ1・17参照）と。これは、今日わたしたち教会の中で適用すると、人は法を与えることができ、創立者は生き方の指針となる会則や聖性の模範を残すことができるが、「イエス・キリストだけが、その霊とともに、生きる力を与えることができる」ことを意味するのです。マザーテレサは娘や息子たちに、アッシジのフランシスコが死ぬ前に兄弟修道士たちに言ったことば、「わたしは自分の分を果たした。君たちの分はキリストに教えてもらいなさい」と、天から言っていると思います。

5. マザーテレサとベタニアのマリア

マザーテレサにささげられたある現代詩を紹介して、わたしの講話を終えたいと思います。彼女にとってキリストの「渇く」と貧しい人々に尽くすことの間に不可分の一致があったことを、ここまでお伝えしたかったのですが、この詩は一つのイメージのなかにそれを要約しています。

社会にとって失われた「このこと」の上に
あなたは自らの高価な香油を注ぎ
足を洗います
明日はもう歩かなくなる足を。

マザーテレサ、マグダラのマリア、
あなたの愛は危険です、

あなたの軽やかさは反論します、
わたしたちのこの場における重さに。

愛の外に、未来はありません、
この死にゆく人にとって、またわたしにとって。
だから世界を栄光へと高めてください。
時を砕き、愛が危険であり続けますように。

バチカン宮殿のレデンプトリス・マーテル（贖い主の母）礼拝堂にマルコ・ルプニック作の横長いモザイク画があります。片端にはかがんでキリストの足に香油を注いでいるマリアが描かれています。割られた高価な香油の瓶が隅に落ちています。反対側には、イエスが、マリアと同じ体勢で、最後の晩さんでペトロの足を洗っている姿があります。もしわたしが画家だったら、マリアのように膝をつき、かがんで貧しい人の足を洗っているマザーテレサを描きたいです。そしてその貧しい人は、目をあげると、まだ食卓についているイエスが自分であることに気づきます。

以前はマグダラのマリアとベタニアのマリア、罪深い女性とラザロの姉妹の観想的なマリアが同一人物だと思われていました。現在は別の人物だったことが分かっています。そしてマザーテレサは最初のマリアではなく、二人目の「埋葬のために」キリストの体に香油を塗るマリアと比較すべきだと思います。マリアは高価な香油のつぼを砕きました。マザーテレサは「時の器」を砕きました。わたしたちが持っているものでもっとも「自分のもの」、もっとも高価なものである「時」を、聖体の前に、貧しい人々の前に、惜しみなく注ぎました。

イエスは天に昇った、しかしその足は地上に残りました、なぜならキリストの足とは貧しい人々だからです。イエスはそのことに関してあるとき、彼らはずっとわたしたちとともにあると言いました（ヨハネ12・1―8参照）。マザーテレサはわたしたちに思い起こさせてくれます。聖体は、「キリストの渇きへのこたえ」と「貧しい人々に仕えること」、現存するキリストの御体とその神秘体との一致へ、すべての人を導くのです。

わたしたちは聖体の秘跡の内にイエスを礼拝し、顔と顔を合わせて会うことで、イエスの渇きを癒やします。パンの形色《けいしょく》の中におられるイエス、貧しい人々の中のもっとも貧しい人の苦しむ姿の中にいるイエス、彼の渇きを癒やすため、自らの内なる熱意をさらに燃え立たせましょう。

訳者あとがき

闇に輝く、ある存在。目に見えないその輝きを追って、魂は闇の奥深くへと導かれます……。

一九四六年九月十日、コルカタからダージリンに向かう列車の旅の途中、マザーテレサの人生を変える出来事が起こりました。不思議な招きの声、〝渇く！〟がはっきりと聴こえたのです。

初代キリスト教の時代、洗礼の秘跡を受ける人々にはこう告げられました。「あなた方はイエスがいのちをささげる決意をしたところに、そのイエスの内奥に、入ることを許されました」。

「Pati divina」ということば、それは苦しみをもって神を体験すること、神のパッション（〝苦しみ〟と〝愛〟）を生きることだと述べたあとで、著者は言います。マザーテレサはそれを完璧に、身をもって実現させた、と。

「神が存在しないかのように」生きるポスト近代の理想的な宣教者となったマザーテレサは、無神論者たちにも、かれらが「神の国から遠くない」ことを思い起こさせます。暗夜の体験をした魂は、何も与えない、何も約束しない、閉ざされた天のもと、パラダイスさえ約束しない神に、ずっとしがみついているのです。

「わたしたち自身よりもわたしたちに親密な、内なる存在の方」、誰にも見られずにはたらくことができるあの唯一の「存在」でなくして、誰が、自分自身を忘れ、あらゆる時間を他者のために費やし、ハンセン病患者を胸に引き寄せ、瀕死の人々を抱きしめるようなことを、「かれら」にさせたでしょうか。

「You - did - it - to -me あなたは ― それを ― わたしの ― ために ― した」。マザーテレサはこのことばを指を折って数え、「5本指の福音」と呼んでいました。わたしたちの心に、マザーテレサの「連祷」が響き渡ります……。

イエスとは
発すべき、ことば
生きるべき、生
愛すべき、愛
分かちあうべき、喜び
捧げるべき、犠牲
携えるべき、平和
食すべき、いのちのパン……

そしてマザーテレサの前にイエスは「貧者に扮した思いがけない姿」で現れます。

イエスは、
食べさせてあげなければならない、飢えた人
水を飲ませてあげなければならない、喉の渇いた人
服を着せてあげなければならない、裸の人
迎え入れなければならない、家のない人
世話をしなければならない、病気の人
愛さなければならない、孤独な人。

本文中の聖書の引用は
日本聖書協会『聖書　新共同訳』（1999年版）
を使用させていただきました。

マザーテレサの霊性

著　者　ラニエーロ・カンタラメッサ
訳　者　太田綾子
発行所　女子パウロ会
代表者　井出昭子
〒107-0052　東京都港区赤坂 8-12-42
Tel (03)3479-3943　Fax (03)3479-3944
Web サイト　https://www.pauline.or.jp/
印刷所　図書印刷株式会社
初版発行　2021年6月15日

ISBN978-4-7896-0826-8 C0016 NDC194